LETTRES

DE

M. AUGUSTE DEVIN

VISITEUR DE LA CONGRÉGATION DE LA MISSION

PRÉFET APOSTOLIQUE DE SYRIE

AU FRÈRE GÉNIN

DE LA CONGRÉGATION DE LA MISSION, RUE DE SÈVRES, 95, A PARIS

PARIS

BRAY ET RETAUX, LIBRAIRES-ÉDITEURS

82, RUE BONAPARTE, 82

1874

LETTRES

DE

M. AUGUSTE DEVIN

Beyrouth, le 6 octobre 1873.

Mon cher Frère,

La grâce de Notre-Seigneur soit avec nous pour jamais !

Dans une lettre que je vous ai écrite précédemment, je vous annonçais que j'avais appliqué à la Mission d'Akbès les 1,500 francs que vous m'avez envoyés dans le courant de l'année. Depuis cette lettre, vous avez vu à Paris notre cher Frère Lambert, qui a sa bonne part dans la fondation de cette Mission, puisque c'est lui qui a affronté, avec le brave M. Pinna, les premiers obstacles d'une pareille fondation ; c'est lui qui a assisté le même M. Pinna quand il est mort au milieu du chemin, épuisé de fatigue ; et c'est lui enfin qui a gardé seul cette Mission pendant deux mois, en attendant que d'autres Missionnaires vinssent prendre la place du défunt. Il a dû vous intéresser à cette Mission établie dans un pays aussi abandonné que le centre de l'Afrique. Pour compléter les détails que notre Frère a pu vous donner, il est bon que j'ajoute une petite description du pays où est établie cette Mission modeste et ignorée.

Au nord de la Syrie, se trouve une chaîne de montagnes se rattachant au Taurus et aux montagnes de l'Arménie. Cette chaîne commence près de la mer, à Alexandrette et non loin d'Issus, lieu fameux par la victoire qu'Alexandre le Grand y remporta sur le roi Darius ; elle s'étend depuis cet endroit jusqu'à l'Euphrate, sur une longueur de plus de trente lieues, et sépare ainsi, au nord, la Syrie de la Cilicie. On appelait autrefois ces montagnes les monts Amanus, et il en est plusieurs fois question dans la vie des solitaires de Syrie. La plaine qui s'étend entre ces montagnes et l'Euphrate a été jadis peuplée de solitaires, comme la Thébaïde, et, en allant d'Alep vers l'Amanus, on trouve sur le chemin l'endroit où s'élevait la colonne de saint Siméon Stylite l'Ancien, et l'on en voit encore le piédestal au milieu des ruines d'une magnifique église, non loin d'un ancien *cœnobium* qui était aussi grand qu'une ville. Ces montagnes, au temps des croisades, étaient remplies de chrétiens ; les historiens de la première croisade font mention des difficultés inouïes que leur opposa le passage de cette chaîne escarpée, que l'un d'eux appelle *Montagne diabolique ;* mais ces difficultés contribuèrent à rendre plus agréable leur descente et leur arrivée dans la magnifique plaine d'Antioche. La position de ces montagnes indiquait aux croisés qu'ils avaient là un rempart naturel pour défendre, au nord de la Syrie, leurs conquêtes dans la Palestine, aussi vit-on bientôt les crêtes de plusieurs pics et les flancs, qui en commandaient les passages se couvrir de châteaux-forts. Aujourd'hui, à chaque pas, on en retrouve les ruines imposantes, et, en voyant la désolation actuelle, on ne peut s'empêcher de penser et d'avouer que nous sommes bien petits en comparaison de ce moyen âge si décrié et si méprisé. J'ai dit que ces montagnes étaient alors toutes peuplées de chrétiens. C'étaient des Arméniens qui, combinant leurs efforts avec ceux des croisés, purent ainsi, pendant un siècle, vivre à l'abri des insultes des Musulmans. Même lorsque Jérusalem fut retombée au pouvoir des infidèles, ces montagnes servirent encore longtemps de boulevard aux chrétiens, et l'on peut croire que c'est dans leur indignation contre ces montagnes que les Turcs leur donnèrent le nom méprisant de *Giaour-Daghea* , montagne des *Giaours,* comme qui dirait montagne de ces chiens de chrétiens.

Une fois les croisés partis, les chrétiens de ces montagnes retombèrent dans le schisme et naturellement dans de grands désordres, protégés qu'ils étaient par la défense inaccessible de leurs étroits défilés. Ces pauvres chrétiens s'abaissèrent à un tel état de barbarie, que tous y étaient devenus voleurs et assassins de profession, et à ce point, que, naguère encore, un jeune homme qui n'avait assassiné personne n'aurait pu trouver à se marier ; aucun père n'aurait consenti à lui donner sa fille pour épouse ; aucune jeune personne ne se serait décidée à s'unir à lui, parce qu'il était regardé comme un propre à rien. Ainsi ces montagnes peuplées d'Arméniens, de Curdes, de Turcomans, tous de mœurs pareilles, étaient un véritable repaire de brigands qui infestaient toute la plaine d'Antioche et dévalisaient les caravanes allant soit vers Alep, soit vers Marache : les voyages étaient donc extrêmement périlleux.

Vers l'an 1862, une frégate française et une autre anglaise se trouvaient dans le port d'Alexandrette. Les officiers des deux marines fraternisaient en se donnant mutuellement des fêtes et des divertissements. A la vue des belles montagnes qui s'élevaient devant eux et leur offraient leurs flancs couverts de forêts verdoyantes ils ne purent s'empêcher de songer à se procurer le divertissement d'une chasse au sanglier. On les prévint du danger auquel les exposerait, non pas la rencontre de ces animaux et des bêtes féroces, mais plutôt l'agression d'une peuplade brute et sauvage. Les officiers, confiants dans leur bravoure et dans leurs armes, comptaient aussi un peu sur leur nombre, et ils ne pouvaient comprendre qu'une troupe de vingt-quatre militaires bien armés pût rencontrer le moindre obstacle sérieux dans cette partie de plaisir. Ils partirent donc, en traitant de chimères les frayeurs qu'on cherchait à leur inspirer. Tout alla bien quelque temps, mais bientôt il fallut pénétrer dans une gorge de ces montagnes et, à l'instant, la petite troupe se vit environnée d'une armée de trois cents brigands, armés jusqu'aux dents. Les officiers français reconnurent que toute tentative de défense était inutile et proposèrent de capituler ; les officiers anglais, trouvant la chose par trop humiliante, essayèrent un commencement de résistance, mais en pure perte, car ils furent obligés de se rendre comme les autres. Tous eurent la vie sauve, mais les officiers français ne furent dépouillés que de leurs armes, les Anglais, qui avaient essayé de résister, furent, pour cela, privilégiés et dépouillés de leurs armes et de leurs habits. Néanmoins tous se trouvèrent fort heureux de rentrer à bord.

L'humiliation, comme on le voit, était un peu forte et intéressait deux nations. Une troisième nation allait être aussi associée aux exigences d'une réparation : c'était les États-Unis d'Amérique. Vers la même époque, un ministre protestant américain, venant d'Adana, à travers ces mêmes montagnes, avait été assassiné par les mêmes brigands. Tous ces faits déterminèrent les représentants de la France, de l'Angleterre et de l'Amérique à demander au gouvernement turc de prendre des mesures efficaces pour assurer la sécurité des voyageurs dans cette contrée. La Sublime-Porte, pour toute réponse, se déclara impuissante, ajoutant qu'elle ne pouvait pas même garantir ses propres caravanes. Les puissances ne se contentèrent point de cette déclaration et firent comprendre que si la Turquie ne se sentait pas de force à purger le pays, elles s'en chargeraient elles-mêmes, par une nouvelle expédition de Syrie. A cette nouvelle, le gouvernement turc, tremblant de voir encore une intervention étrangère, fit un dernier effort et expédia son meilleur général, Derviche-Pacha, avec ses meilleures troupes pour soumettre le Giaour-Daghen. Ce fut un travail pénible, qui dura plusieurs années et qui même serait resté inachevé sans la trahison des brigands, habitants d'Akbès. Ce petit pays, situé au pied des montagnes, dans une gorge très-étroite, est la clef des passages les plus importants et commande ainsi l'entrée des retraites les plus secrètes de l'intérieur. Au commencement, la population se défendit avec vigueur, mais, accablée par le nombre, elle se décida, pour obtenir sa grâce, à révéler les passages conduisant aux derniers refuges des brigands. C'est ainsi qu'Akbès fut sauvé de la destruction universelle. Tous les villages cachés dans les montagnes furent complétement rasés, leurs habitants tués ou envoyés en exil, et, à la place, on établit des postes militaires de distance en distance. Akbès fut conservé ainsi que plusieurs villages voisins de la plaine, mais sous la garde d'une citadelle construite non loin de là.

On peut juger de l'état moral de ces gens, ils étaient vraiment sans foi ni loi, et le dernier prêtre schismatique du pays avait été massacré en 1840. Trente ans après, je vis le meurtrier qui vivait encore tout paralysé.

Malgré l'état de dégradation de ces gens, au moment de leur soumission forcée, en 1866, quelqu'un leur tendit la main en essayant de relever leur état moral, et, faut-il le dire à la honte des catholiques, ce fut un ministre protestant américain qui le premier pénétra dans le pays et ouvrit une école. Il faut que vous sachiez, mon cher Frère, que d'Alexandrette en Perse, c'est-à-dire jusqu'à la Mission de notre Confrère M. Cluzel, il y a une chaîne non interrompue d'établissements américains qui ont des centres d'action très-puissants à Antioche, à Killès, à Marache, à Orpha, l'ancienne Édesse, à Diarbékir, à Mossoul, se ralliant ainsi à la Perse : dans toutes ces villes et d'autres encore, ils établissent des maisons centrales de maîtres et de maîtresses d'écoles et des orphelinats pour les deux sexes. Ils font de là rayonner leurs émissaires jusque dans les plus petites bourgades, et certes il faut que leur zèle soit bien opiniâtre et bien pénétrant pour être parvenus jusqu'à Akbès. Ainsi une école protestante était déjà établie dans cet endroit, à l'insu des Missionnaires catholiques. Cependant ceux-ci, avec leurs faibles ressources, s'occupaient déjà de contrebalancer cette propagande ennemie en allant au plus pressé, c'est-à-dire dans les villes. C'est ainsi que les PP. Franciscains d'Alep envoyèrent une colonie fonder une Mission dans la ville de Marache, et, depuis dix ans, ils y opèrent un grand bien. Nos Confrères d'Alep pensaient également à porter leurs pas vers ces contrées abandonnées ; mais leur petit nombre et la santé chancelante de M. Amaya, le supérieur, ne permirent pas de donner suite à ce dessein. M. Amaya, étant mort au mois de mai 1869, fut remplacé, en octobre, par M. Pinna, qui, plein de vie et de santé, paraissait devoir fournir une longue carrière. Quoique seul avec le Frère Lambert, son premier soin fut de songer à évangéliser quelqu'une de ces populations si abandonnées de la haute Syrie. Il avait d'abord en vue Nizib, près de l'Euphrate, à trois journées d'Alep, lorsqu'une circonstance fortuite tourna ses pas d'un autre côté. Le P. Euthymis, capucin d'Alep, avait reçu de la Sacrée-Congrégation de la Propagande, mission de parcourir le pays pour constater les besoins spirituels de ces populations et transmettre à Rome des renseignements. Or il venait de recevoir un envoyé de l'évêque schismatique arménien d'Antioche, lequel lui disait que son dessein était de s'unir à l'Église catholique, que, pour cette raison, il était persécuté par ses diocésains et qu'il avait été obligé de se réfugier à Akbès, dans le Giaour-Daghen. Il le priait en conséquence de venir l'y trouver pour traiter de sa réunion à l'Église. Le P. Euthymis annonça cette bonne nouvelle à M. Pinna et le pria de l'accompagner dans cette expédition. Celui-ci accepta d'autant plus volontiers qu'il lui répugnait d'aller seul commencer une Mission, et prenant avec lui le Frère Lambert il se mit en route. Arrivés à Akbès, ils prirent pour logement une maison des plus belles du pays, c'est-à-dire un espace entouré de quatre murs, couvert d'une terrasse en terre, d'où l'eau suintait de toutes parts, n'ayant qu'une porte et une fenêtre, et servant tout à la fois de cuisine, de réfectoire, de salle d'étude et de réception, de dépôt pour les harnais, de dortoir et de chapelle. C'est là que les Missionnaires s'installèrent en décembre 1869. Le P. Euthymis ne tarda pas à reconnaître que l'évêque schismatique réfugié à Akbès n'était persécuté par ses diocésains qu'à raison de ses désordres et de ses extorsions, et que sa prétention de devenir catholique n'avait aucune sincérité. Déçu dans l'espérance qui avait motivé son voyage à Akbès, il prit le parti de retourner à Alep, où il rentra en effet au mois de mars 1870. Quant à M. Pinna, il lui sembla que la divine Providence ne l'avait pas envoyé dans un pays si abandonné sans quelque dessein, particulier, et il prit le parti de rester. Il demeura donc seul au milieu de cette population d'assassins émérites, avec un Frère-Coadjuteur pour tout auxiliaire.

Bientôt l'évêque schismatique, irrité contre M. Pinna, qui avait découvert et dérouté ses intrigues, employa tous les artifices possibles pour le faire partir d'Akbès. Il alla secrètement exciter contre lui les autorités turques, et il était animé d'une telle fureur contre ceux qui fréquentaient sa maison, qu'il administra de sa propre main la bastonnade à un jeune homme, parce qu'il avait assisté à la messe de M. Pinna. Celui-ci cependant ne perdait pas courage ; il étudiait la langue turque et commençait déjà à faire un peu de catéchisme aux enfants. D'un autre côté, les protestants qui avaient déjà établi leur école à Akbès se donnaient beaucoup de mouvement pour ne pas perdre le terrain déjà gagné, et, pendant que l'évêque schismatique ordonnait un prêtre pour Akbès, un ministre américain venait de son côté rallumer le zèle de ses adeptes. Les Turcs ne voulurent pas rester en arrière, et ils envoyèrent un *Imam*, ou ministre, pour faire l'école et attirer les gens à la mosquée, déserte jusque-là. On aurait dit que tout l'enfer se mettait en mouvement pour empêcher l'établissement du pauvre Missionnaire catholique. Parfois M. Pinna, seul au milieu de tant d'oppositions, et poursuivi par l'ennui et la tristesse, aurait pu y succomber s'il n'avait retrempé sa confiance en Dieu dans la prière. Un jour, cependant, il cédait presqu'au découragement et, tout pensif en se promenant dans la campagne, il se demandait si c'était réellement la volonté de Dieu qu'il restât dans un pays aussi triste et aussi désespérant. Tout d'un coup, il sent son cœur soulagé et comme embaumé d'un parfum céleste : une voix intérieure lui disait clairement : *Bâtis sur cette colline, où tu es, une Église à l'Immaculée Conception, et tout Akbès sera ta conquête.* Ces paroles le remplirent de consolation, et, depuis, la tentation ne revint pas. Cependant il n'attachait pas trop d'importance à cette inspiration ; mais au mois de mai 1870, lorsque j'allai le voir, tout en gardant le silence sur ce qui lui était arrivé, il me demanda en quel emplacement il devrait se fixer, et il fut fort surpris quand je lui indiquai la même colline. Il ne douta plus alors que ce ne fût la volonté de Dieu et il se disposa à la mettre à exécution. Cette volonté de Dieu fut bien mieux manifestée encore par l'entière approbation que notre très-honoré Père donna à cette nouvelle Mission. Au mois de juin 1870, étant venu à Paris, comme vous le savez, quand je retournai en Syrie, tout heureux de pouvoir envoyer bientôt un Confrère tenir compagnie à M. Pinna, j'eus la douleur d'apprendre à Alexandrie sa mort inopinée. Vous connaissez les détails de sa mort ; vous savez comment, le 12 du mois d'août, revenant d'Alep à marches forcées, sous un soleil de feu, il fut frappé d'insolation, à cinq lieues d'Akbès, et resta étendu à terre jusqu'au lendemain, avec la seule assistance d'un domestique tout déconcerté. Le Frère Lambert, averti trop tard, arriva près de lui le 13 pour recevoir son dernier soupir, et transporta ensuite son corps, qui fut enterré à l'endroit désigné pour bâtir l'église, dont il est devenu comme la première pierre.

La mission d'Akbès paraissait devoir mourir avec M. Pinna ; mais le cher défunt, du haut du ciel, continuait l'œuvre. Pendant que la France était plongée dans le deuil et dans les horreurs de la guerre. Au mois d'octobre 1870, je pus envoyer deux prêtres et un frère dans ce lieu, et, grâce à quelques petites ressources apportées de France, on put commencer à bâtir une habitation convenable avec une petite chapelle à côté de la tombe du regretté M. Pinna. Aujourd'hui, nous avons sur la colline désignée pour bâtir l'église une maison composée de trois chambres, d'une cuisine et d'un réfectoire avec une chapelle de cinq mètres de long, présentant une sorte de portique de deux mètres et demi qui peut servir aussi aux fidèles. Quoique l'église projetée n'existe pas encore, nous pouvons déjà dire, jusqu'à un certain point, que tout Akbès est acquis à la foi catholique ; car le curé schismatique a abandonné le poste et il n'en est pas revenu d'autre. Les ministres protestants ont aussi disparu, et l'*Imam*, ou ministre musulman qui avait excité la population turque et usurpé même une partie de notre terrain, ayant été remis à sa place par les propres autorités turques, il n'ose plus aujourd'hui souffler mot. Notre personnel se compose d'un missionnaire, M. Combelles, et de deux frères-coadjuteurs. Dans ces derniers temps, j'ai pu leur adjoindre un bon prêtre arménien catholique, qui fait l'école et célèbre les saints mystères dans son rite. Cette mesure était nécessaire pour montrer à tous les Arméniens qu'on ne voulait pas les faire Latins, épouvantail dont se sert souvent l'ennemi de tout bien pour retenir les ignorants dans le schisme.

Mais, me direz-vous maintenant, que prétendez-vous faire avec cette mission dans un pays sauvage ? Assurément s'il ne s'agissait que de la petite population d'Akbès, nous aurions assez fait en y installant et en entretenant un curé catholique. Mais les desseins de la Providence semblent s'étendre au delà. En effet, à ces pays retombés dans la barbarie, il faut autre chose que la prédication et l'administration des sacrements. Il s'agit de susciter une nouvelle génération au moyen de l'éducation pour les enfants des deux sexes. Les protestants américains l'ont bien compris ; car ils ne se contentent pas d'établir de petites écoles dans les villages ; mais, ainsi que je vous l'ai dit, ils ont dans les villes, de distance en distance, non pas seulement des écoles externes, mais des internats et des orphelinats, pensions plus ou moins gratuites, où ils forment des protestants fanatiques, avec leur système d'éducation, qui dure plusieurs années. Ils ont excité partout la soif de l'instruction et malheureusement ils ne la donnent qu'assaisonnée d'un enseignement empoisonné et mêlé aux plus funestes préjugés. Aussi le seul moyen de faire ici un bien solide, c'est d'ouvrir, comme eux, des maisons d'éducation ; voilà pourquoi les Dominicains font venir aujourd'hui même des sœurs de la Présentation jusqu'à Mossoul ; les Franciscains ont établi des écoles de garçons et un petit collége dans leur couvent d'Alep, et fait venir des sœurs de Saint-Joseph pour les filles. Ils ont ouvert aussi une école de garçons à Marache. Mais à part ces établissements, il n'y a plus rien pour l'éducation catholique dans la haute Syrie, la Mésopotamie et toute la Cilicie. Déjà d'Adana, de Mersina, d'Alexandrette, de Killès, d'Alep, nous sont arrivées des requêtes pour ouvrir de ces maisons d'éducation. En nous appelant à Akbès, la Providence semble nous inviter à répondre à ce besoin, car cette localité se trouve au centre de ces différentes villes, et placée comme au point de jonction de trois provinces. Ajoutez-y l'avantage de la courte distance qui nous sépare de la mer, distance que l'on peut franchir facilement par la route qui conduit à Alexandrette. Il ne reste donc plus qu'à nous mettre à l'œuvre et à construire les bâtiments convenables. C'est là le premier besoin ; pour les vivres, on se les procure facilement. — Mais, me direz-vous, si vous voulez bâtir, pourquoi n'avoir pas recours à l'Œuvre de la Propagation de la foi ? — Je vous répondrai que la condition posée à l'entreprise de cette mission a été précisément de ne rien prendre sur les allocations de cette œuvre, parce qu'elles suffisent à peine aux œuvres actuellement existantes. Jusqu'à présent, la bonne Providence m'a encouragé par de petits secours venus très à propos, tantôt d'un côté, tantôt d'un autre ; c'est pourquoi j'espère toujours arriver à quelque résultat important. Quand je vois, dans les environs d'Akbès, ces immenses châteaux-forts que multipliaient les croisés nos ancêtres, je me dis que la Providence, qui a fourni les moyens de construire ces monuments gigantesques, saura bien nous fournir aussi les ressources pour élever d'autres châteaux-forts non moins importants, non pas seulement destinés à protéger la vie du corps, mais à défendre et à donner même la vie de l'âme, fournie à l'enfance, dispersée parmi des nations barbares, au moyen de l'éducation chrétienne. Nous savons déjà, par l'expérience faite dans d'autres établissements semblables, en Orient, que ce sont là de vraies forteresses redoutables au démon et c'est pour cela que nous devons tâcher de les multiplier. Courage donc et mettons-nous à l'ouvrage en répétant le cri des croisés : Dieu le veut !

Mon cher Frère, je vous devais tous ces détails pour récompenser votre zèle à venir en aide aux Missions et pour vous montrer comment de modiques aumônes opèrent quelquefois un bien considérable, en renouvelant la face de tout un pays. Espérons que nous reverrons les mêmes merveilles, et que la bonté divine, en vous choisissant pour le canal de ses libéralités, vous consolera par d'autres résultats plus abondants en fruits de salut, dans ces contrées autrefois le berceau du christianisme et aujourd'hui retombées dans les ombres de la mort.

Je suis en l'amour de Notre-Seigneur,

Mon cher Frère,

Votre affectionné serviteur,

A. DEVIN,

P. de la Mission.

Beyrouth, le 19 novembre 1873.

Mon cher Frère,

La grâce de Notre-Seigneur soit avec nous pour jamais !

A peine vous avais-je envoyé ma dernière lettre sur Akbès, que je dois y faire une rectification. Je vous disais, en effet, que le ministre protestant avait disparu de cet endroit ; or j'ai appris qu'il y était revenu et revenu avec beaucoup d'argent sans doute, puisque, au lieu d'un maître d'école, voilà qu'il en établit trois, et de plus, met en train la construction d'un temple. Et nous, que pouvons-nous lui opposer, puisque notre petite maison n'a qu'une chapelle qui certes ne peut passer pour une église. Empêcher le mal de se faire et établir le bien solidement exigerait une construction de *cinquante mille francs* au moins ; mais où aller chercher une somme pareille ? Il faudrait renouveler ce que vous avez fait pour l'Abyssinie, c'est-à-dire recueillir assez de fonds, non-seulement pour bâtir un établissement durable, mais encore y constituer des bourses affectées à des jeunes gens qui seraient plus tard maîtres d'écoles dans les villages. Nous conserverions les noms des bienfaiteurs, inscrits sur marbre, pour qu'ils fussent connus des élèves qui, en reconnaissance de leur libéralité, prieraient constamment pour eux.

Pour vous donner une idée du zèle que les protestants déploient à Beyrouth, je vous dirai qu'ils viennent de bâtir une Université, à laquelle ils ont dépensé plus de 220,000 francs ; et en outre ils ont des bourses fondées, ici, à la Banque, pour tous les élèves qui se font protestants. Une seule personne d'Amérique leur a donné, à cette intention,

500,000 francs. Ils ont 14 ou 15 écoles dans la ville, sans parler d'un collége avec 50 bourses fondées par les Anglais ou les Prussiens. A côté s'élèvent un hôpital et un orphelinat prussiens. Puis tout un quartier de la ville, bâti par les Américains, contient encore des écoles, des orphelinats et des asiles pour les malades. Or, qu'avons-nous à opposer à tant de maux ? Un orphelinat de filles, où nous comptons 250 orphelines ; mais pour les garçons, nous n'avons rien, et à chaque instant nous avons la douleur de les voir accaparés par les protestants. Sœur Gélas, qui recueille les enfants-trouvés, ne sait où mettre les garçons ; elle est obligée de les confier à des familles où souvent ils sont mal élevés. Nos sœurs ont encore un petit hôpital, ou plutôt une ambulance de deux ou trois salles, où l'on ne peut traiter que les maladies aiguës. Quant aux maladies chroniques des infirmes et des vieillards, il n'y a rien pour les soulager, et l'on court aux établissements protestants. Voilà, mon cher Frère, où nous en sommes. Pour opposer une digue à ce torrent, il faudrait des sommes énormes, je le sais ; mais nous nous contenterions des aumônes que la charité nous enverrait, pour commencer, au moins à Beyrouth, un hôpital catholique et un orphelinat de garçons ; ce qui est de nécessité urgente. Le manque de ces asiles fait qu'une foule de malheureux se jettent dans la première maison qui leur offre du secours, et finissent par dire que la religion protestante n'est pas déjà si mauvaise, puisqu'elle leur fait du bien.

Je suis en l'amour de Notre-Seigneur,

Mon cher Frère,

Votre dévoué serviteur,

A. Devin,

P. de la Mission.

Les raisons exposées par M. Devin en faveur de la nouvelle mission d'Akbès sont confirmées par celles que fait valoir la sœur Bigot, à Damas, qui a pareillement à lutter contre le prosélytisme de la propagande protestante. Dans l'un et l'autre endroit, il s'agit d'agrandir les écoles et les orphelinats pour soustraire les enfants catholiques et autres à l'erreur et à la corruption d'un enseignement dont le premier vice est souvent de détruire radicalement la foi dans ces jeunes âmes, sans parler des niais et absurdes préjugés que le poison de la calomnie leur inocule contre l'unique Église. Nous laissons la zélée supérieure de l'orphelinat de Damas plaider sa cause dans la lettre suivante, adressée au frère Génin.

Damas, Maison Saint-Joseph, 12 novembre 1873.

Mon cher Frère,

La grâce de Notre-Seigneur soit avec nous pour jamais !

Pardonnez-moi si je viens de nouveau frapper à la porte de votre cœur et de votre bourse ; l'extrême nécessité où je me vois réduite m'autorise à venir vous rappeler les paroles d'espoir que contenait votre bonne lettre de l'année dernière. Ne pouvant alors m'accorder le secours que je sollicitais de votre charité, vous me promettiez néanmoins de ne point oublier les besoins de notre Mission.

Ce que vous ne pouviez, dans ce temps, vous serait-il possible maintenant, mon cher Frère ? peut-être la divine Providence vous a-t-elle choisi pour faire enfin cesser cette longue attente dont nous subirions l'épreuve plus volontiers, si, à côté de nous, le génie du mal ne s'évertuait, comme il le fait, pour perdre les âmes. Je veux parler des Protestants. Établis depuis longtemps à Damas, à quelque distance de notre Maison, ils avaient là une école pour les garçons et une pour les filles ; mais ils ont cru mieux réussir en venant s'installer si près de nous, qu'ils deviennent nos voisins. Les voilà maintenant au centre du quartier chrétien, dans une grande et belle maison qu'ils ont achetée et fait réparer à grands frais ; car l'argent ne leur manque pas.

Ils s'efforcent par tous les moyens possibles de nous enlever nos élèves, se postant sur le seuil de leur École, lorsqu'elles rentrent, le soir, chez leurs parents. Alors ils les invitent à entrer et les engagent à visiter les classes. Ils leur donnent même de petits livres pour les gagner plus sûrement. Ils enseignent l'arabe, le français, l'anglais ; mais, malgré tout le zèle qu'ils déploient pour la jeunesse et leurs aumônes faites aux pauvres, nous luttons avec avantage contre eux, non-seulement aux yeux des Catholiques, mais, même des Juifs et des schismatiques, qui, surmontant leur fanatisme et leurs préventions, savent reconnaître la vérité et préfèrent nous confier leurs enfants, avouant franchement que les écoles protestantes sont mal tenues et qu'on n'y apprend rien.

Malheureusement je ne puis, faute de local, recevoir toutes les enfants qu'on me présente et dont les parents veulent se débarrasser à tout prix pendant le jour. J'ai la douleur de voir des familles, même catholiques, remettre leurs filles aux mains des Protestants, en attendant qu'il y ait place chez nous. J'en ai reçu cette année bon nombre qui ont passé là un an, deux ans, et j'ai pu juger des mauvaises habitudes qu'elles y contractent et combien il est difficile, pour ne pas dire impossible, de réparer le mal que leur cause cette première éducation : aussi voudrais-je pouvoir achever enfin cette bâtisse dont je vous ai parlé, pour accueillir et abriter toutes ces âmes en si grand danger pour leur foi ! C'est ce moment que j'appelle de tous mes vœux, vous le comprenez, mon cher Frère ; le motif que je viens de vous exposer est puissant et ne souffre point de retard.

La rentrée des classes a eu lieu le premier lundi d'octobre ; elle a été plus nombreuse que jamais ; aussi les enfants y sont-elles, pour ainsi dire, entassées. Pour vous en donner une idée, sachez que la petite classe, qui est une salle de 6 mètres sur 5 m. 70 c., renferme chaque jour de 150 à 170 petites filles, et la moyenne, local exactement pareil, en compte 115. C'est trop, beaucoup trop, sans doute, mais enfin pendant l'hiver, on peut encore y tenir ; mais lorsque les chaleurs commenceront, ce ne sera plus possible ; le climat de la Syrie, si fatigant pendant l'été, ne le permet pas. Les voyageurs qui visitent notre Établissement s'étonnent de cet état de choses et ne manquent pas de nous signaler les graves inconvénients qui pourraient en résulter. Hélas! je ne les ignore pas, et même, pour cette cause, la santé de nos Sœurs a beaucoup souffert cette année.

Tout me fait donc un devoir de mettre fin à cette gêne excessive et d'augmenter le nombre des classes. Mais comment arriver à ce résultat, puisque les ressources me manquent? Vous voyez, cher Frère, le besoin pressant et urgent qui me porte à recourir à vous. Les aumônes que remettent entre vos mains des âmes charitables peuvent-elles répondre à une nécessité plus réelle que la nôtre ? Oh ! je ne le crois pas ; aussi ai-je l'espoir que vous nous viendrez en aide.

En attendant cette bonne nouvelle, j'ai l'honneur d'être, mon cher Frère, en l'amour de Jésus et de Marie Immaculée,

Votre bien reconnaissante,

Sœur BIGOT.

IND. F. D. L. C. S. D. P. M.

———————

Dernièrement, le jour de la fête de l'Immaculée-Conception, Sa Sainteté Pie IX, qui a eu le mérite et la gloire d'ériger en dogme l'antique croyance du peuple chrétien à ce privilége exceptionnel de la Très-Sainte Vierge Marie, faisant une pieuse allocution aux Dames romaines qui venaient lui offrir des ornements et des vêtements sacerdotaux pour les églises pauvres, leur disait : « ... Quand verrons-nous finir les jours actuels de tribulation ? Quand ?... Je vais vous le dire : Ce sera lorsqu'aux démonstrations de foi et de piété qui se font aujourd'hui dans plusieurs chrétientés, à l'intérieur des églises, répondront les œuvres accomplies *au dehors*. »

Nous permettant d'interpréter ces dernières paroles du Souverain-Pontife, nous n'entendons pas seulement les œuvres accomplies *au dehors*, dans la société civile, ce qui nous paraît toutefois être sa pensée dominante ; mais nous aimons encore à y comprendre les contrées ou les pays situés *au dehors* de l'Europe qui sont en majorité *catholiques*, et surtout *les missions chez les infidèles*. Alors la Syrie, comme les autres provinces de l'Empire ottoman ou turc, doit occuper une des premières places dans cette catégorie, parce que la superstition, l'ignorance et tous les vices qui en découlent, dominent au sein de ces populations plus ou moins engagées dans les erreurs du schisme, de l'hérésie, de l'infidélité mahométane, et même encore du paganisme, dans certaines localités. Le Chef auguste de l'Église ne peut donc qu'approuver et encourager tout ce qui se fait pour la propagation de la foi chez ces malheureux peuples assis plus ou moins dans les ténèbres de la mort.

Que les besoins extrêmes de notre pauvre patrie n'arrêtent point l'élan des âmes généreuses ! C'est peut-être à la charité des catholiques qui, malgré les pertes causées par nos désastres, ont néanmoins continué et même augmenté leurs aumônes pour le Saint-Siége, pour les œuvres de la Propagation de la Foi, de la Sainte-Enfance, des écoles d'Orient, sans parler des souscriptions toujours ouvertes pour l'église du Sacré-Cœur de Paris, pour le clergé persécuté de la Suisse, etc., etc.; c'est, disons-nous, peut-être à cette charité inépuisable que nous devons d'avoir trouvé si aisément la somme de cinq milliards, sans parler de toutes les autres qui nous permettent de réparer tant de maux et tant de ruines. L'augmentation de ces mêmes aumônes ne peut attirer sur nous qu'un accroissement de bénédictions Et si, comme l'assurent les Saints-Pères et les maîtres de la vie spirituelle, Dieu n'a rien de plus agréable ni tant à cœur que le salut [1] des âmes ; si même le salut d'une seule prédestine [2] la nôtre au ciel ; si ce zèle est la principale des perfections et nous rend véritablement coopérateurs de Dieu même [3], quel encouragement ne sera-ce point pour les catholiques épris du saint amour de l'Église et cherchant par tous les moyens possibles à propager sa doctrine et à faire bénir son nom par les œuvres de sa charité ! En conséquence, associons-nous, autant que nous le pourrons, par nos offrandes et nos sacrifices, à l'action des Missionnaires dans les pays infidèles ; cet encouragement effectif les soutiendra dans leurs travaux, et le Père céleste, qui voit tout, saura nous rendre avec usure, par ses grâces nouvelles, la récompense promise à toute bonne œuvre accomplie purement en son nom. Quoi donc ! nous qui *pouvons tout pour la vérité* [4], ne pourrions-nous nous imposer quelques-uns des sacrifices que tant d'autres acceptent et multiplient pour le mensonge et le désordre comme, par exemple, les membres de ces associations occultes et réprouvées par les lois de l'Église et même du

---

1. Nihil ità gratum Deo et ità carum ut animarum Salus. S. Chrys.

2. Animam Salvasti ; animam tuam prædestinasti. S. August. in Isaïam. — Tot coronas sibi multiplicat, quot Deo animas lucrifacit. S. Greg. moral. XIX, c. XVI.

3. Divinarum omnium perfectionum, divinissima est perfectio, Dei cooperatorem esse in redactione animarum ad suum Creatorem. (S. Denis, de Cœlest. Hierar.)

4. 2 Cor. XIII, 8.

gouvernement. Souvent pour le succès ou le triomphe d'une mauvaise cause ils engagent leur fortune, et qui plus est, l'honneur et la vie. L'heure est venue pour l'action : sortons de notre assoupissement ; ne soyons pas seulement catholiques dans l'intérieur de la conscience ou de la famille, mais encore au dehors, confessons énergiquement notre foi, en travaillant à son triomphe universel, et en hâtant l'avènement tant désiré du jour, où il n'y aura plus qu'*un Pasteur et un seul troupeau.*

Nota. — Pour rappeler plus aisément les diverses bonnes œuvres proposées en ces lettres, nous réunissons dans le tableau suivant, les dépenses qu'elles imposent :

1° Bâtisse d'une chapelle pouvant contenir
    300 personnes. . . . . 2,000 fr
Bourse d'un élève. 200
   Id.   d'un Frère enseignant. 200
Fondation à perpétuité d'une de ces bourses. 4,000
Bâtisse d'une maison d'école primaire de
    garçons ou de filles 2,000
Quant aux offrandes pour aider à fonder ou
    à agrandir les hôpitaux et à développer
    les autres œuvres de miséricorde et de
    charité, elles sont à la générosité des
    âmes charitables.

2° Une lettre ajoute cette recommandation : Veuillez nous envoyer exactement les noms de nos chers Bienfaiteurs et Bienfaitrices ; nous les conservons religieusement dans nos archives. Comme les fondateurs et fondatrices des chapelles ont le droit d'en fixer à leur choix le vocable, ne manquez pas d'indiquer les noms préférés des Saints ou des Saintes.

Dans cette pauvre Mission, on acceptera avec reconnaissance de petites croix, des médailles de la Sainte-Vierge, grandes images, chemins de Croix pour les chapelles, des vases sacrés, des chandeliers d'autel de moyenne grandeur.

Dans tous les offices ou réunions pour la prière, nous recommandons à nos Néophytes lesdits Fondateurs et Bienfaiteurs.

Les offrandes les plus minimes, comme les autres, seront reçues avec la plus vive gratitude.

On est prié de les remettre ou de les adresser au cher Frère Génin, rue de Sèvres, 95, à Paris.

2596. — ABBEVILLE. — IMPRIMERIE BRIEZ, C. PAILLART ET RETAUX.